QUE FAUT-IL FAIRE

POUR

SAUVER LA FRANCE ET L'EUROPE

DU

PANGERMANISME ENVAHISSANT

DE LA PRUSSE

Mémoire sur la guerre Franco-Prussienne dressé pendant les événements

PAR

CASIMIR DE SAMIN

PRIX : 1 FRANC

Le revenu de cette publication est destiné aux blessés

PARIS

CHARLES LEFEBVRE, LIBRAIRE

35, BOULEVARD DES CAPUCINES, 35

—

1870

TABLE DES MATIÈRES.

I

INTRODUCTION

L'auteur avait envoyé, sur les affaires de la guerre présente, plusieurs articles aux journaux, notamment à *la Liberté* et au *Patriote*. Les plus importants de ces articles ne furent pas imprimés. S'ils avaient été publiés et leurs conseils suivis à temps, leur influence eût épargné les plus grands désastres à la France.

Les armées françaises, ayant acquis d'habiles corps d'éclaireurs et de guérillas, n'eussent pas été surprises presque partout et toujours; elles n'eussent pas été privées de communications, mais eussent pu couper, au contraire, les approvisionnements et les communications de l'ennemi. Les bois fussent devenus un secours et non une gêne.

L'armée de Mac Mahon existerait encore et défendrait Paris, parce que, au lieu de marcher sur Sedan, elle se serait repliée de Reims et de Rethel, par Soissons et Compiègne, derrière la capitale.

Enfin, on aurait créé une nombreuse artillerie et cavalerie et divisé tous les bataillons de la garde nationale en deux classes : en bataillons de remparts et en bataillons détachés; on aurait, avec ces derniers, la ligne, les corps francs et la garde mobile, fait des sorties presque tous les jours. Ces sorties eussent eu pour effet d'aguerrir les troupes, d'inquiéter, de surprendre, de détruire, au moyen des forces disponibles, l'ennemi dans toutes les occasions et lieux où il eût présenté une infériorité numérique ; on l'aurait ainsi contraint d'élargir le cercle du siége, d'opérer de fortes concentrations, et en même temps, empêché d'envoyer au loin des détachements pour faire ses approvisionnements, de détruire les fabriques d'armes, d'écraser les armées en formation.

En harcelant l'ennemi tous les jours, sous la protection des canons des forts, on fût parvenu, en peu de temps, à former à Paris une armée de marche de quatre cent mille hommes, qui aurait détruit l'ennemi devant la capitale.

En lisant les articles qui forment la première partie de cette brochure, on jugera si l'auteur avait raison et si l'on peut, si l'on doit prêter quelque attention à son principal mémoire sur ce qu'il faut faire pour sauver Paris, la France et l'Europe du pangermanisme de la Prusse envahissante.

Paris, au commencement d'octobre 1870.

II

UN BON AVIS

Le rédacteur en chef de *la Liberté* a inséré, dans le numéro du 15 août, mon premier article sur les affaires de la guerre présente et l'a fait précéder d'une introduction sous titre.

Rédaction. — Nous ne prétendons pas conduire les armées, et nous rejetons chaque jour plus de cinquante plans fantaisistes destinés à organiser la victoire; mais voici quelques idées qui peuvent avoir leur utilité, et dont l'auteur connaît évidemment l'ennemi qui nous presse en ce moment.

L'auteur. — Après les défaites de Forbach et de Woerth, on s'attendait tous les jours à une attaque générale dans les environs de Metz, attaque qui pouvait devenir funeste.

Mais l'ennemi n'avançant pas a permis aux Français de gagner un temps long et précieux.

Pourquoi cet arrêt de l'ennemi? Il avait des forces intactes sous le commandement du prince Frédéric-Charles et bien supérieures aux corps du maréchal Bazaine et du général Bourbaki qu'on leur pouvait opposer de ce côté. A mon avis, s'il n'a pas avancé, c'est parce que le passage de la Moselle et de la Meuse, dans les environs de Thionville, de Metz et de Verdun, est très-difficile et dangereux, à cause des fleuves et des forteresses susnommés. Les Prussiens n'attaquent pas volontiers l'ennemi de front. Mais pourquoi n'ont-ils pas poursuivi au moins avec des forces supérieures le corps battu et isolé du maréchal Mac Mahon ?

C'est qu'outre la raison donnée plus haut, les Prussiens ne lancent pas à l'aventure, un seul corps au milieu d'un pays ennemi, au delà de montagnes difficiles à franchir et faciles à défendre, comme sont les Vosges.

Aujourd'hui on annonce du quartier général que les forces françaises sont augmentées et ravitaillées autour de Metz, et que, d'autre part, les Prussiens se retirent en partie des environs de Saint-Avold et de Faulquemont, s'emparent de l'Alsace et mettent le siége devant Strasbourg.

Il n'est pas dans l'habitude des Prussiens de s'occuper du siége des forteresses.

Je crains que ce siége ne soit plutôt un piége pour détourner l'attention des Français d'un autre point qu'ils vont attaquer ; que le prince Frédéric-Charles ne remonte la Sarre et que le prince royal ne traverse les Vosges, dans les environs des sources de la Sarre, pour concentrer toute leur armée devant Lunéville, écraser encore une fois le corps décimé et isolé du maréchal Mac Mahon, battre l'un après l'autre ceux du général de Failly et du maréchal Canrobert, laisser de côté les forteresses de Metz, Verdun, Toul et marcher sur Paris.

Rédaction. — Nous ne prétendons pas que notre correspondant ait raison : nous penchons même à croire qu'il s'exagère la facilité qu'il y aurait à battre les corps non plus isolés, de de Failly et Mac Mahon, mais réunis en une seule armée sous les ordres du maréchal et le corps de réserve de Canrobert prêt à leur porter secours.

Néanmoins, les idées qu'il nous communique, pourraient approcher de la vérité, et le plan qu'il trace, ressemble, en tout cas, assez aux usages prussiens pour qu'on y prête attention. — A. D.

Note postérieure de l'auteur. — N'avais-je pas raison d'avertir de ne pas croire que l'ennemi se retirerait des environs de Metz pour s'emparer de l'Alsace, et de prétendre qu'il fallait se hâter de concentrer tous les corps français de l'armée du Rhin, jugeant qu'autrement on pourrait surprendre et battre une partie de l'armée française après l'autre ?

Le 14 août, jour même où cet avis fut écrit, l'armée de Bazaine fut surprise et arrêtée dans sa marche de retraite.

J'avais tort seulement de prendre pour base de mon raisonnement la dépêche officielle du quartier général français annonçant, que l'ennemi s'était retiré de Saint-Avold et de Faulquemont et de croire, par suite, l'armée de Mac Mahon plus menacée que celle de Bazaine. L'ennemi, au lieu de s'être retiré, s'était avancé devant les portes mêmes de Metz, ce que le quartier général français ignorait le matin même du jour de la bataille devant Metz, à Borny. La dépêche officielle française sur cette bataille dit que, le matin du 14 août, on avait fait une reconnaissance et que, n'ayant trouvé nulle part l'ennemi, on a commencé la retraite. Mais, quand la moitié de l'armée eut déjà passé sur la rive gauche de la Moselle, l'ennemi attaqua l'autre.

Au lieu de continuer la retraite protégée et assurée par la forteresse, on eut tort de repasser le fleuve et de livrer bataille. On a perdu par cela deux jours et donné aux Prussiens le temps de couper la ligne de retraite à l'armée française.

Du reste, c'est encore une question à résoudre, à savoir si les Prussiens de leur côté n'ont pas commis une faute en s'arrêtant devant Metz au lieu de poursuivre Mac Mahon sans relâche, et de marcher directement sur Paris, dont alors la défense n'était pas préparée du tout. Même quelques semaines plus tard, immédiatement après le premier combat de Châtillon, il n'aurait pas été impossible de prendre la capitale d'assaut. Donc je ne pense pas avoir eu tort d'avertir, avant tout, du danger qui menaçait le corps de Mac Mahon et Paris.

III

LES CORPS D'ÉCLAIREURS PRUSSIENS

Paris, le 17 août 1870.

Monsieur le rédacteur en chef,

Je profite de la bienveillance avec laquelle vous avez accueilli ma première lettre insérée dans votre numéro du 15 août, sous le titre : *Un bon avis*, et je me rends volontiers à votre invitation du lendemain « de chercher à percer l'ombre et le mystère des combinaisons stratégiques tramées par les chefs de l'armée prussienne et de faire part au journal de ce qu'on a vu et de ce qu'on croit avoir découvert. » Vous avez promis « de réserver une place dans vos colonnes à l'étude de cette façon de faire la guerre aux Prussiens et de venir peut-être en aide aux généraux français. »

Ainsi encouragé, je m'empresse de vous instruire de l'histoire et de l'organisation d'une institution militaire qui a beaucoup contribué aux victoires prussiennes et qui, adoptée par l'armée française, eût assuré son salut. Mais cette institution peut encore être promptement et facilement organisée. Il n'y a pas longtemps que les Prussiens eux-mêmes en usent.

Comme ils ont l'œil à tout et ne dédaignent rien de

ce.qui peut leur servir, ils ont emprunté aux Polonais des innovations employées pendant la lutte de 1863.

Dans la guerre contre les Danois ils ont donné à leurs soldats des bottes à tiges avec des pantalons au dedans et des pelisses à la polonaise qui leur ont été d'un excellent usage pendant les mois pluvieux et froids.

Au commencement de l'année 1866 et pendant la campagne contre l'Autriche, ils ont organisé de petits corps de cavaliers choisis parmi les mieux montés et les plus hardis. Ces corps ne dépendaient que du chef de l'armée et devaient entretenir des communications continuelles entre les différents corps et les tenir au courant des forces et des mouvements de l'ennemi.

Les Polonais ont les premiers formé de tels corps en 1863. Ils les appelaient *la gendarmerie à cheval*. Ils n'avaient pas à combattre l'ennemi, mais bien au contraire à éviter les combats. Ils parcouraient le pays, en long et en large, pour savoir et faire savoir, à qui de droit, tout ce qui s'y passait.

Chez les Prussiens, ces corps francs de cavaliers s'appellent *des corps d'éclaireurs*. Il y en avait trois ou quatre pendant la guerre contre l'Autriche. L'un, composé de trois cent quatre-vingts hommes, je crois, était attaché à l'armée du prince royal; l'autre de deux cent soixante, à l'armée du prince Frédéric-Charles; deux autres, plus petits, à l'armée de Herwarth von Bittenfeld et à celle de Vogel von Falkenstein. Ils se sont rendus, dans cette guerre, fort utiles à la Prusse et ont été plus tard très-perfectionnés.

Ils sont encore, comme originairement, composés de volontaires; mais, au lieu d'être formés exclusivement de simples soldats, comme par le passé, ils contiennent maintenant presque autant d'officiers et de sous-officiers que de soldats. Il y a là des officiers et des soldats de toutes sortes d'armes, mais surtout beaucoup d'officiers d'infanterie. C'est pour pouvoir mieux apprécier toutes les sortes d'armes dont se compose l'armée ennemie, au-devant de laquelle ils opèrent. Les éclaireurs sont toujours les meilleurs cavaliers et ont les meilleurs chevaux de l'armée, afin de se mouvoir plus sûrement et plus vite. Ils forment un corps séparé de chaque armée, sont toujours au-devant des avant-postes et ne dépendent que du chef de l'armée qui leur indique seulement la direction dans laquelle ils doivent avancer et prendre des renseignements, qu'ils sont chargés de rapporter tout de suite aux avant-postes de l'armée. On sait combien de services excellents ils ont rendus aux Prussiens dans la présente guerre.

Si l'armée française avait été en possession d'un pareil corps d'éclaireurs, elle n'aurait pas été surprise à Wissembourg et à Metz (et plus tard encore à Beaumont et à Châtillon. *Note postérieure*). Si l'on veut être mieux renseigné et éviter les échecs, qu'on vient d'éprouver, il faut qu'on organise le plus tôt possible un corps franc de cavaliers, comme pendant du corps franc des fantassins ou tireurs, pour servir à l'armée française comme éclaireurs. Mieux vaut tard que jamais. On ne manque pas des éléments propres à les composer.

Grâce à l'hospitalité de la France, il y a ici assez de Polonais qui sont d'excellents cavaliers, comme l'attestent Samosierra, Smolensk et tant d'autres, et qui ont composé les corps des gendarmes à cheval en 1863, devenus le modèle du corps des éclaireurs prussiens.

Pour défendre la France, leur unique amie fidèle et sincère protectrice, envahie par leur plus acharné et dangereux ennemi, les Polonais n'hésiteront pas à prendre les armes. Ce sont eux encore qui ont appris aux

Prussiens à se servir de sifflets (au lieu de clairons et de tambours) et de forêts qui ont été si funestes aux Français dans cette campagne. Un corps de tireurs polonais et un autre de cavaliers polonais pourraient donc rendre les plus grands services à l'armée française, comme hardis et habiles éclaireurs pour la renseigner sur les mouvements et les forces des Prussiens et, en même temps, comme excellents guérillas pour intercepter et couper les approvisionnements et les communications de l'ennemi.

Note postérieure.—Cet article fut envoyé à *la Liberté* le 17 août, mais il ne fut pas publié.

IV

MOYEN DE DÉTRUIRE LES PRUSSIENS
S'ILS CONTINUENT D'AVANCER AU LIEU DE RECULER

Paris, le 26 août 1870.

MONSIEUR LE DIRECTEUR,

Vous n'avez pas jugé à propos d'imprimer ma lettre du 17 août sur les corps d'éclaireurs prussiens et sur l'opportunité de créer des corps semblables pour l'armée française. Mais vous avez « envoyé cet article à qui de droit » et on en a peut-être profité. On a au moins commencé, quelques jours plus tard, à organiser un corps de volontaires à cheval pour servir en qualité d'éclaireurs. C'est pourquoi je me décide à vous soumettre de nouveau quelques idées sur les moyens de faire la guerre aux Prussiens et de les détruire.

Je suis tout à fait de votre avis, monsieur, que notre unique, mais aussi le plus puissant allié, c'est le temps.

Le maréchal Bazaine quoique coupé et bloqué à Metz a rendu cependant de grands services à la France en faisant de fortes sorties. Par cette tactique, les Prussiens ont éprouvé de grandes pertes et sont arrêtés eux-mêmes sous les remparts des forteresses qu'ils évitent et laissent ordinairement de côté en marchant toujours en avant.

Mac Mahon a gagné du temps pour réorganiser et pour augmenter son armée et pour permettre à Paris d'organiser sa défense.

Mais, comme l'armée de Mac Mahon n'était pas encore suffisante pour se mesurer avec celle du prince royal Frédéric-Guillaume à Châlons, le maréchal a donc résolûment quitté et brûlé le camp retranché de cet endroit et découvert la capitale en se jetant de côté.

Cette résolution courageuse a fait réfléchir et a arrêté un instant la marche du prince royal de Prusse sur Paris.

Mais, le 25 août, le roi fait annoncer dans les journaux que « son quartier général est transféré de Pont-à-Mousson à Bar-le-Duc ; que les corps de la première (Steinmetz) et de la deuxième armée (prince Frédéric-Charles) continuent à faire face à l'armée du maréchal Bazaine, et que le restant des forces allemandes (la troisième armée du prince royal de Prusse et la quatrième du prince royal de Saxe) ont résolûment commencé leur marche sur Paris. »

Je pense que, par cette nouvelle, le roi a pour but de faire oublier la quatrième armée et de détourner l'attention de sa marche du nord-est (de Thionville) vers Rethel contre le maréchal Mac Mahon, qu'il veut attaquer avec la troisième, en marche vers le nord-ouest (Reims et Rethel).

Seul le prince royal de Prusse n'oserait pas attaquer Paris, laissant de côté le maréchal Mac Mahon qui pourrait lui couper les communications, le prendre entre deux feux et le détruire, de concert avec l'armée de Paris.

Mais l'armée du maréchal Mac Mahon ne pourrait-elle dégager l'armée du maréchal Bazaine, bloquée à Metz? Celle-ci est plus considérable que la première et composée des principales troupes françaises ; si elle ne pouvait pas se frayer un chemin pour gagner Verdun, celle de Mac Mahon, moins nombreuse, déjà deux fois battue et composée en grande partie de recrues, ne saurait gagner Metz. Elle n'est pas suffisante pour tenir tête à celle du prince Frédéric-Guillaume et encore moins pour livrer bataille aux troupes combinées des deux princes royaux.

Si le maréchal Mac Mahon était battu, Paris et la France seraient en danger.

Il est donc préférable d'éviter une bataille, de se retirer par Soissons, Compiègne à l'ouest et au sud-ouest, jusqu'en arrière de Paris, et même sur la Loire, s'il le faut, pour gagner du temps et constituer des forces au moins égales à celles des troisième et quatrième armées allemandes.

Si les Prussiens poursuivaient toujours Mac Mahon, ils arriveraient entre l'armée de ce dernier et celle de Paris, qui pourrait lui couper facilement et lui couperait, sans doute, les communications et les approvisionnements à l'aide de ses francs-tireurs et de sa cavalerie, avant de l'écraser tout à fait par des attaques combinées de Trochu et de Mac Mahon.

Si l'armée de ce dernier reste debout, les Prussiens ne s'aventureront point derrière Paris ; ils ne pourront même assiéger Paris en règle, et s'ils avancent jusqu'à cette capitale, ils seront forcés de camper tous ensemble, et peut-être même d'établir un camp retranché dans les environs des chemins de fer de l'Est et du Nord pour assurer leurs communications par ces voies.

Les Prussiens n'essayeront pas alors d'occuper les autres communications de Paris ; ils tâcheront seulement de les couper par leur cavalerie en faisant sauter les ponts, les tunnels et les viaducs, en arrachant les rails, en coupant les fils télégraphiques, en s'emparant de tous les approvisionnements dirigés vers Paris.

Ils tenteront d'affamer Paris ou de le prendre d'assaut par un côté, après avoir démantelé un ou deux forts, à l'aide de toute leur artillerie.

Paris est assez approvisionné et gardé pour résister pendant deux mois au moins.

Ce temps-là suffit pour créer sur les bords de la Loire et ailleurs une armée, avec celle de Mac Mahon et de Paris, deux fois plus grande que l'armée prussienne opérant devant la capitale et en France.

Voilà la ruine des Prussiens et même de la Prusse.

Je me résume :

Pour atteindre le but sus-indiqué, il faudrait que Bazaine demeurât à Metz ; que Mac Mahon se retirât lentement derrière Paris ; qu'on appelât le plus tôt possible tous les hommes valides, sans exception, de 20 à 40 ans, dans l'armée active, et les plus âgés dans la garde nationale ; qu'on organisât une assez grande quantité de francs-tireurs et des corps francs à pied et à cheval pour arrêter, détruire ou enlever partout les éclaireurs, les communications et les transports prussiens.

Enfin, pour mieux assurer la résistance et la victoire de Paris, il faudrait encore deux choses : une nombreuse cavalerie et une puissante artillerie. L'infanterie formée par les gardes nationaux ne manquera pas.

La cavalerie est nécessaire pour empêcher les uhlans

prussiens de détruire les communications et d'enlever
à Paris la continuité de son approvisionnement.

Une artillerie très-considérable est indispensable
pour venir en aide à chaque point menacé de la ville
sans en dégarnir un autre, et pour faire de vigoureuses
sorties.

Au moyen du télégraphe, on sera à même de diriger
aisément dans toutes les directions les troupes et surtout l'artillerie et la cavalerie, de prévenir et de repousser partout les entreprises de l'ennemi.

Mais, pour former ces deux espèces d'armées, il faut,
avant tout et à l'instant même, un nombre considérable
de chevaux. Où les trouver tout de suite?

Il y en a assez à Paris même. Lorsque tous les hommes valides sont obligés de quitter leurs foyers et leurs
affaires, pour s'exposer à mourir en défendant la patrie,
peut-on hésiter un instant à prendre tous les chevaux
de luxe et autres qui seraient utilisés dans la cavalerie
et dans l'artillerie pour la défense de la capitale?

Le reste des chevaux suffira pour l'usage journalier
et pour le service d'une ville assiégée.

Pour avoir au moins deux mille canons de campagne
dans un ou deux mois, il faut les faire fondre immédiatement dans toutes les fonderies et usines de Paris.

Une fois la défense ainsi organisée, les Prussiens ne
sortiront plus de France, s'ils restent devant Paris
jusqu'à la fin d'octobre.

Cinq cent mille hommes armés et exercés à Paris,
sous le commandement du général Trochu, avec cinq
cent mille autres hommes, rassemblés et commandés
par le maréchal Mac Mahon, écraseront les Prussiens
devant la capitale. En même temps, une armée de Lyon,
en leur coupant les communications et la retraite, dé-

bloquera Bazaine et marchera avec lui contre Berlin. Mac Mahon suivra en réserve.

Note postérieure.— Cet article fut envoyé à *la Liberté* le 26 août, mais il ne fut pas imprimé.

V

SIMPLE OBSERVATION

Paris, le 27 septembre 1870.

MONSIEUR LE RÉDACTEUR,

Le président du gouvernement de la défense nationale a fait publier, le 25 septembre, le rapport par lequel le commandant du fort de Montrouge annonce « qu'il croit toujours Bagneux occupé par un corps considérable de l'ennemi. »

En lisant cela, on se demande involontairement ce que sait le gouvernement sur les dispositions et les forces de l'ennemi autour de Paris, puisqu'il ignore si les Prussiens sont en force ou non dans une localité séparée des forts parisiens par une portée de canon. De fortes reconnaissances doivent éclairer le gouvernement sur ce point.

Autrement, il se pourrait que l'ennemi bloquât Paris avec des forces restreintes et qu'il employât une grande partie de son armée à faire, dans le pays entier, des approvisionnements, à détruire les fabriques d'armes et à écraser les armées en formation.

Le gouvernement nous annonce aujourd'hui que le général Polhès a commencé, avant le 24 de ce mois, à harceler l'ennemi en avant d'Orléans. On avait donc tort de laisser tranquille l'ennemi depuis le 23 septembre devant Paris, parce qu'il pouvait envoyer des forces considérables contre le général Polhès et battre une armée française isolée pour la sixième fois déjà pendant cette campagne.

Il est toujours dangereux d'attendre l'attaque, surtout pour les Français. Il est préférable d'attaquer, d'inquiéter l'ennemi sans cesse, de prendre l'offensive même en se défendant.

Pour aguerrir les gardes mobile et sédentaire, pour empêcher l'ennemi d'envoyer des détachements dans les provinces, pour l'affaiblir et l'épuiser, il faut faire presque tous les jours des sorties sous les canons des forts, et attaquer les Prussiens sur le point le plus faible avec toutes les forces disponibles.

En agissant ainsi, on forcera bientôt les Prussiens d'élargir le cercle du siége, de se grouper en peu de corps plus considérables, de briser la chaîne de l'armée assiégeante et de laisser libre la communication de Paris avec les provinces.

La garnison de Paris est à peu près deux fois plus nombreuse que l'armée assiégeante. Pour la défense de cette place forte, un tiers de ses forces actuelles devrait suffire.

En divisant tous les bataillons de la garde nationale en bataillons de vétérans ou de remparts et en bataillons plus jeunes ou de marche, on pourrait former à Paris même une armée de campagne de quatre cent mille hommes.

Quand elle sera assez aguerrie et pourvue de bonnes armes, elle suffira pour détruire l'ennemi peu à peu et l'écraser enfin tout à fait devant la capitale.

Qu'on fonde donc, au plus tôt et par tous les moyens

possibles, des chassepots et des canons; qu'on fasse des sorties fréquentes avec tous les hommes bien armés, et la capitale et la patrie seront sauvées.

Nota. — Cette observation, envoyée au *Patriote* le 27 septembre, la veille de sa suspension, ne fut pas publiée.

VI

QUE FAUT-IL FAIRE POUR
SAUVER PARIS, LA FRANCE ET L'EUROPE DU PANGERMANISME
ET DES ENVAHISSEMENTS DE LA PRUSSE.

---

1. Que faut-il faire pour sauver Paris et la France de l'envahissement de la Prusse?

Est-ce une défense vigilante et opiniâtre des remparts de Paris, accompagnée de vigoureuses sorties, de nombreux combats devant les portes de la capitale et de grandes batailles en rase campagne? Est-ce l'intervention de la République américaine ou celle des gouvernements européens? Est-ce une révolution universelle et la proclamation d'une République des États-Unis de l'Europe, ou est-ce enfin une paix plus ou moins désavantageuse qui peut sauver la France?

Avant tout, point d'hésitations, mais des décisions viriles et des procédés prompts et énergiques!

Il faut s'avouer tout d'abord la difficulté que trouvera la France à chasser l'ennemi de son territoire.

On a perdu toute l'armée, Toul et Strasbourg et peut-être Metz même, la plus importante forteresse avec son arsenal et son armée d'élite, doit-elle se rendre faute de vivres, avant qu'il soit possible de la débloquer.

La garnison de Paris est assez considérable pour défendre la capitale ; mais suffit-elle pour écraser l'ennemi et pour le chasser du territoire français ?

Il y a, il est vrai, assez d'hommes et d'argent à Paris et en France pour créer des armées, mais on manque de chassepots, de canons et d'officiers, et, qui pis est, le temps fait défaut pour fondre les uns et pour former les autres. Cependant, il n'est pas impossible de le faire ; seulement, c'est extrêmement difficile.

C'est pourquoi M. Jules Favre, devenu vice-président du gouvernement de la défense nationale et ministre des affaires étrangères, a déclaré, dans ses circulaires adressées aux agents diplomatiques accrédités auprès des cours étrangères, que le gouvernement républicain de la France est disposé à reconnaître l'unité de l'Allemagne et à conclure la paix avec elle, à condition qu'on respecte l'intégrité de la France.

La section française de la Société internationale des ouvriers, MM. Victor Hugo et Edgar Quinet ont publié des adresses aux Allemands pour les déterminer à la paix et à la fraternité avec les Français.

On a fait à Paris beaucoup d'ovations à l'ambassadeur américain et on l'a invité à réclamer de son gouvernement une médiation entre les parties belligérantes.

Enfin, le gouvernement républicain a envoyé M. Thiers auprès des cours européennes, qui n'ont pas encore reconnu la République française, pour faire déclarer sa disposition à la paix et pour les inviter à secourir la France.

Je ne pense pas que cette manière d'agir soit la meilleure pour arriver à se débarrasser de l'ennemi qui est aux portes de la capitale.

Le gouvernement et les orateurs de Rome n'ont pas envoyé d'adresses et de discours aux Gaulois et aux Carthaginois quand Brennus et Annibal étaient devant les portes de leur capitale. Au contraire, la république romaine avait pour règle de ne jamais entrer en négociations, et de ne jamais faire la paix avec l'ennemi tant qu'il était sur le territoire romain.

Les membres de l'opposition du dernier Corps législatif, qui sont devenus les membres du gouvernement républicain, ont voulu obliger le gouvernement impérial à ne jamais faire la paix avec les Prussiens tant que ceux-ci n'auraient pas quitté le territoire français.

C'est un tort d'avoir changé d'avis, de conduite et de langage.

Le roi de Prusse, arrivé vainqueur devant Paris, s'il voulait faire la paix avec la France sans annexer à son royaume les départements français que les Prussiens regardent et demandent comme allemands, s'exposerait au mépris et à la haine de son armée et de la populace allemande.

Quant à l'intervention des puissances, elle n'arrêtera pas non plus les Prussiens, parce qu'ils ne respecteront pas les interventions morales et les interventions armées ne sont ni vraisemblables ni même possibles.

Et en vérité, l'Amérique ne veut et ne peut pas se mêler des affaires européennes. Elle a offert sa médiation, mais les Prussiens ne l'ont pas acceptée. L'Amérique a donc déclaré avec regret ne pouvoir faire rien de plus pour la France. Du reste, les États-Unis sont forts en Amérique, mais faibles en Europe.

L'Angleterre, pas plus que l'Amérique, ne veut se mêler des affaires de l'Europe, d'ailleurs elle est forte sur mer, mais faible sur le continent. Elle ne pourrait pas envoyer sur le continent plus de cinquante mille hommes qui ne suffisent pas pour arrêter les Prussiens dans leur marche. La flotte anglaise, serait-elle deux fois plus grande que la flotte française, ne ferait pas plus de mal aux Prussiens que la dernière.

Les Russes n'ont ni assez d'armes perfectionnées, ni assez d'argent, ni assez de voies ferrées pour pouvoir mettre deux cent mille hommes en campagne avant le printemps prochain.

L'Autriche n'a ni assez d'argent, ni assez d'hommes, ni assez d'armes, ni assez d'organisation, ni assez d'intelligence de ses propres intérêts, ni assez de courage pour courir aux secours de la France.

Les autres États de l'Europe sont contents quand on les laisse en paix.

Les Prussiens ont donc raison de diré que, avant que les puissances tombent d'accord sur une intervention, ils finiront deux campagnes et imposeront des conditions de paix à leurs ennemis et à — leurs amis.

2. Au lieu de s'adresser aux sentiments pacifiques et fraternels des peuples ennemis et étrangers, il faut s'adresser plutôt aux sentiments patriotiques des citoyens français, ce que MM. Victor Hugo, Edgar Quinet et Jules Favre ont fini par faire.

Pour vaincre, ce ne sont pas des interventions d'armées étrangères, c'est un Tyrtée qu'il faut à la France !

La première république française n'a jamais demandé de secours, d'interventions étrangères ; au lieu d'implorer, elle a promis son concours à tous les républicains du dehors.

Si les Allemands étaient à la veille de proclamer la république, ils ne choisiraient pas pour cela le moment où leur roi s'approche de la capitale ennemie, et ils ne commenceraient pas par l'arrêter dans sa marche triomphante. Soyons justes. Aurions-nous arrêté et renversé Napoléon, s'il eût été devant Berlin?

L'empire est tombé parce qu'il n'a pas su vaincre l'ennemi de la France.

La république a été proclamée pour défendre la patrie en danger. Comme la plupart des Parisiens étaient républicains et comme aux Parisiens surtout la tâche est dévolue de défendre la capitale et la France, il était donc juste et raisonnable de proclamer la république et de composer le gouvernement républicain des représentants de Paris; c'était en effet le meilleur moyen d'inspirer aux habitants la confiance dans le gouvernement et d'exciter leur courage et leur énergie pour la défense.

C'est au gouvernement d'exploiter toutes ces forces inépuisables et invincibles, de se montrer digne de sa tâche, d'avoir le courage, l'énergie, la confiance de pouvoir tout demander et tout obtenir du patriotisme des citoyens pour le salut de la patrie en danger!

Paris peut et doit se défendre pendant deux, trois mois.

En attendant la France est obligée et en état de former une armée de cinq cent mille hommes et de couper les communications, les approvisionnements et la retraite de l'armée prussienne pour la détruire entièrement.

La tâche n'est pas trop grande, si la nation française ne néglige rien pour se sauver.

Que la liberté, que la république fassent voir ce qu'elles valent dans une situation difficile et dangereuse.

Si la première république française a pu résister à toute l'Europe, la troisième renoncerait-elle à battre la Prusse isolée?

La Suisse, les États néerlandais avaient à combattre un ennemi non moins dangereux que la Prusse, quand ils proclamaient la république et leur indépendance et pourtant ils sont devenus victorieux.

Dernièrement les États républicains de l'Amérique du Nord avaient perdu au début de la guerre toute leur armée, toute leur flotte et ils étaient presque entièrement envahis par les troupes des États esclavagistes; mais, comme ils n'ont jamais perdu la confiance dans la force de la liberté et du droit de l'homme, ils sont sortis de la lutte maîtres de toute l'Amérique du Nord.

Si la France ne compte sur personne autre que sur elle-même, sur sa foi, et sur son courage et si elle fait tout son possible, elle sera victorieuse, elle répandra la liberté, sinon la république, par toute l'Europe.

C'est elle qui doit sauver l'Europe, ce n'est pas l'Europe qui pourrait et voudrait sauver la France et la république française.

3. La France est tombée par la centralisation, la jouissance, le luxe, l'égoïsme et la jactance (la blague); c'est par la décentralisation, la simplicité, l'austérité, le dévouement qu'elle peut être sauvée, redevenir victorieuse, renaître grande.

En concédant seulement une autonomie complète à chaque commune, à chaque canton, à chaque département et à chaque province, la France peut trouver les moyens de sa défense, parce que, pendant le siége de Paris, l'initiative et le pouvoir central du pays sont entravés et paralysés.

C'est par la liberté et l'autonomie de chaque citoyen, de chaque famille, de chaque commune et de chaque province seulement que peuvent se développer l'initiative, l'intelligence, la prospérité de chaque individualité personnelle, communale, sociale et politique, se refaire les mœurs et s'accélérer le progrès de la France.

Il n'est plus possible, plus raisonnable d'arrêter l'agrandissement de la Prusse et l'unité de l'Allemagne ; mais, pour soutenir l'équilibre, il est possible d'agrandir la France, de réunir avec elle toutes les populations et États français de l'Europe en assimilant les institutions françaises avec les institutions libérales et républicaines des États-Unis de l'Amérique du Nord et surtout avec celles de la Belgique et de la Suisse. En écartant l'uniformité centraliste et en concédant une autonomie complète à chaque individualité politique, à chaque commune, à chaque province et à chaque État, on verra bientôt la Belgique et la Suisse se réunir à la république française.

Les États-Unis Français seront le noyau et le commencement des États-Unis Romans ou Latins.

La France peut faire, par la liberté, de plus rapides et de plus grandes conquêtes que la Prusse par la force.

La France n'a pas besoin pourtant de proclamer la révolution et la république universelle; elle n'a ni la force ni le devoir de délivrer tous les peuples asservis, de déclarer la guerre à tous les monarques et tyrans; elle peut et doit même entrer en bonnes relations avec tous les États de l'Europe qui reconnaissent et respectent son indépendance, son intégrité et son gouvernement républicain; — mais la dignité et l'intérêt de la nation et de la liberté lui défendent de faire des avances, de rendre honneur, de faire la cour aux oppresseurs de ses coreligionnaires et des nations parentes ou amies, aux oppresseurs des Irlandais, des Polonais, des Lithuaniens, des Finnois, des Ruthènes, des Hongrois, des Roumans, des Serbes, des Bulgares, etc. La nation, la république française doit toujours rester la protectrice de la liberté, de l'autonomie, de l'égalité de toutes les nationalités et de tous les cultes. C'est sa tâche, sa gloire, sa force, son prestige.

4. La France, quoiqu'elle soit forcée de faire et de terminer seule la guerre présente avec la Prusse, aura certainement encore besoin d'alliances contre les ambitions croissantes de cette puissance. Mais les empires orientaux de l'Europe, qui pourraient avant tout prêter des secours efficaces à la France, seront encore bien plus qu'elle menacés par l'Allemagne réunie. La France restera toujours une grande puissance continentale et maritime, même si elle perdait quelques départements de l'est; mais, si la Prusse enlevait à l'Autriche et à la Russie seulement les provinces soi-disant allemandes, elle séparerait tout à fait ces États de la mer, paralyserait toutes leurs forces et leur ôterait tous les moyens de développement. La Prusse, en proclamant l'indépendance de tous les peuples opprimés par l'Autriche, la Russie et la Turquie, comme elle a proclamé l'indépendance de la Hongrie et de la Bohème en 1866, parviendrait à écraser et à conquérir ces États l'un après l'autre, parce qu'elle trouverait toujours des Tur's, des Fric's et des Swierc's chez ces peuples.

Non-seulement la Hollande et le Danemark, mais toute l'Europe serait désormais à la merci de la Prusse.

Pour éviter ce péril sérieux, la république, la diplomatie et la presse française, tout en restant en bonnes relations avec les empires de l'Europe orientale, doivent toujours plaider la liberté, l'égalité et l'autonomie de toutes les nationalités et Églises, de toutes les individualités personnelles, communales et historiques, d'une part, — et une alliance offensive et défensive, une union militaire et commerciale de tous ces trois empires, d'autre part. C'est le seul moyen de contenir la Prusse et l'Allemagne dans leurs limites naturelles et de développer la civilisation, la liberté et la prospérité des peuples slaves et orientaux de l'Europe.

Ce n'est pas par les grandes masses seulement, ni par l'organisation militaire, selon laquelle chaque homme valide doit servir deux ou trois ans dans l'armée pendant la paix et jusqu'à l'âge de quarante-cinq ans pendant la guerre ; ni par les armes perfectionnées en grande quantité ; ni par le trésor toujours rempli ; ni par l'intelligence et l'intégrité des chefs, des officiers, de l'administration ; — mais aussi par les mêmes qualités répandues chez tous les soldats de l'artillerie, de la cavalerie, etc., que les Prussiens ont eu la victoire dans les dernières guerres.

C'est seulement après avoir acquis des qualités semblables que peuvent résister les peuples des États slaves aux attaques prussiennes ; mais ces qualités ne sauraient être acquises que par la liberté ; surtout la liberté de la presse, la liberté de communication et d'association et la liberté d'enseignement; par l'égalité et l'autonomie de tous les habitants, de toutes les croyances et de toutes les nationalités.

Voilà ce que la diplomatie et la presse française doivent toujours franchement dire et prêcher, si elles veulent acquérir pour leur patrie une alliance effective, sûre et durable avec les puissances orientales de l'Europe.

Au lieu de cela, la diplomatie et une partie de la presse française ont excusé, flatté et même encouragé les passions et les persécutions de la cour, du parti, de la nationalité et de la religion dominante, contre toutes les autres en Russie, en Autriche et en Turquie.

Mais, en agissant de la sorte, on n'a pas seulement affaibli ces États, on a avant tout paralysé et détourné de la France les partis, les nationalités et les confessions qui lui étaient dévoués. On a aidé à opprimer, en Turquie, les chrétiens ; en Autriche, les Roumans, les Hongrois, les Polonais et les Slaves en général ; en Russie, les Polonais, les Ruthènes, les Lithuaniens, les Finnois et autres, et en favorisant, surtout en Autriche et en Russie, le parti dominant, on a fortifié le parti allemand qui est hostile à la France.

Par une telle conduite, la nation française ou plutôt sa diplomatie et une partie de sa presse ont agi contre l'humanité, le progrès, la liberté, sa dignité et son propre intérêt.

Si la France, tout en défendant la Turquie contre la Russie, avait protégé les chrétiens contre les Turcs, si elle avait toujours plaidé l'autonomie et l'égalité de tous les peuples chrétiens et mahométans de la Turquie, elles y seraient déjà établies ; la civilisation, la liberté et les forces morales et matérielles y seraient déjà développées, la Russie aurait perdu par là toute son influence, et tous les peuples de la Turquie seraient entièrement dévoués à la France.

Celle-ci, en concluant, à Paris, en 1856, la paix et l'alliance avec la Russie, si, au lieu de lui arracher les bouches du Danube et de fermer la mer Noire à sa flotte, elle avait demandé l'unité et l'autonomie de toutes les parties de l'ancienne Pologne sujettes à la Russie, cette dernière aurait cédé à ces généreuses exigences, et les forces morales, intellectuelles et matérielles de la Russie et de la Pologne réunies sous le même régime se seraient développées par émulation vite et paisiblement. Dans cet état de choses, la Prusse et l'Angleterre n'auraient pas réussi à provoquer la révolution polonaise de 1863 et l'intervention de la France contre la Russie, pour rompre l'alliance entre ces deux derniers États, regardée par les deux premiers comme dangereuse pour eux.

Le gouvernement impérial de la France a commencé par sacrifier la Pologne à l'intérêt imaginaire de la France, en concluant une alliance avec la Russie, et il a fini par sacrifier, à contre-cœur, il est vrai, l'alliance avec la Russie, par égard pour les affaires de la Pologne.

Tout gouvernement français qui ne veut pas se dépopulariser, qui ne veut pas s'exposer à une chute imminente, ne pourra jamais abandonner, contrarier, trahir la cause polonaise, car ce serait abandonner et trahir l'humanité, la liberté, la justice, la civilisation, le droit, le progrès, grandes idées que la nation française a la mission glorieuse et la force de défendre et de propager.

Voilà ce que savent bien les hommes d'État prussiens et anglais, et ce que ne comprennent pas toujours les hommes d'État et les publicistes français et russes, parce qu'il y a encore des gens et des journaux français et russes qui, en prêchant l'alliance entre la Russie et la France, excusent, flattent et excitent même les passions et les persécutions du gouvernement et du parti dominant russe contre les Polonais. Ce sont justement ces flatteurs qui, travaillant à leur l'intérêt du roi de Prusse, rendent cette alliance insu dans impossible. Elle est pourtant tout à fait nécessaire en face des ambitions croissantes de la Prusse, mais elle ne peut se maintenir d'une façon durable sans la réunion et l'autonomie de toutes les parties de l'ancienne Pologne.

Depuis la guerre de 1866, la France était, pouvait et devait être en bonnes relations avec l'Autriche ; mais elle avait tort de soutenir et de plaider par ses agents diplomatiques et par la presse les tendances centralisatrices du gouvernement autrichien, au lieu d'encourager et de protéger les efforts de tous les peuples autrichiens demandant l'autonomie complète pour chacun d'eux et une réunion fédérative pour tous. La centralisation impliquait la domination d'une majorité artificielle de cinq millions d'Allemands, amis de la Prusse et ennemis de la France, sur trente millions de Slaves, Roumans et Hongrois. MM. Thiers et Jules Favre, au Corps législatif, à la fin de 1866, en parlant de l'Autriche, l'appelaient une puissance allemande et y trouvaient quatorze millions d'Allemands, tandis que la statistique officielle de l'Autriche n'en compte que sept millions, y compris tous les Juifs et tous les Allemands dispersés dans les différents pays slaves, hongrois et roumans. Dans la Cisleithanie, il n'y a que cinq millions d'Allemands, juste ce qu'en compte l'Alsace.

L'autonomie et la fédération de tous les peuples autrichiens, représentés pour les affaires communes par les Délégations, c'était la victoire de la liberté et du progrès; c'était l'établissement de l'ordre et l'organisation des forces en Autriche; c'était la conclusion d'une alliance offensive et défensive avec la France. Tous les peuples de l'Autriche, à part les Allemands, sont amis dévoués de la France, et ils demandaient tous que l'Autriche marchât au secours de la France. Mais leur voix fut étouffée dans le Reichsrath par la centralisation bureaucratique et par la majorité artificielle des Allemands. Avec la protection de la diplomatie et de la presse française, l'autonomie, la fédération de tous les peuples et la majorité des peuples non allemands dans les Délégations Communes de l'empire autrichien, et, par suite, une prompte alliance avec la France, auraient prévalu, sans doute. La Prusse, attaquée par la France et l'Autriche, auxquelles alors le Danemark n'aurait pas craint de se joindre, serait entièrement écrasée.

5. La Prusse a certainement promis à la Russie, avant la guerre présente, une compensation en Autriche et en Turquie, pour la payer de sa neutralité et du consentement qu'elle a donné à l'unification allemande, de la même façon qu'elle avait promis des compensations sur les bords du Rhin à l'empereur Napoléon pour sa neutralité pendant la guerre de 1866.

Mais, si elle reste victorieuse, elle ne tiendra pas plus ses promesses à la Russie qu'elle ne les a tenues à la France.

Elle forcera l'Autriche, comme elle a forcé les États de l'Allemagne du Sud, après la guerre, à conclure avec elle une alliance offensive et défensive, ou plutôt l'unité militaire et commerciale dont le roi de Prusse sera le chef.

Le prince Hohenzollern, de Roumanie, se joindra volontairement à cette alliance et entrera dans cette unité de l'Allemagne.

Quelques années plus tard, l'Allemagne, réunie à l'Autriche et à la Roumanie, fera la guerre à la Russie pour lui arracher les provinces, soi-disant allemandes, de la Baltique et pour repousser définitivement cette puissance des bords de la mer Baltique et de la mer Noire.

Comme on a promis l'Alsace au prince de Bade et la Lorraine au roi de Bavière, on promettra quelques lambeaux d'ancienne Pologne, sur la rive de la Vistule, à l'Autriche, et la Bessarabie, avec les bouches du Dnieper, au prince de Roumanie.

Je n'ai pas besoin de dire que le prince de Roumanie et l'empereur d'Autriche, en perdant pendant cette guerre et pour jamais le commandement de leurs troupes, deviendront des vassaux, comme le prince de Bade et les rois de Bavière, de Wurtemberg et de

Saxe, et qu'alors le Danemark et la Hollande seront réunis sans retard à la Prusse ou plutôt à l'Allemagne. L'Italie deviendra ce que, jusqu'à ces derniers temps, elle était depuis quinze cents ans: le camp et le butin de bandes allemandes; la Turquie ne sera plus qu'un domaine du prince Charles de Hohenzollern et l'Espagne un domaine du prince Léopold de Hohenzollern; le monde entier, le domaine de la race teutonique.

Qu'on soit averti! On ne songe à rien de moins.

Les préférences des Anglais pour la langue et la littérature allemandes et des Allemands pour la langue et les institutions anglaises et américaïnes; les mariages du prince royal de Prusse avec la princesse royale d'Angleterre et du prince royal d'Angleterre avec la princesse de Danemark; les sympathies des Anglais pour les Prussiens pendant la guerre contre le Danemark, l'Autriche et la France, ne sont nullement accidentels. La neutralité même de la Suède pendant la guerre de la Prusse contre le Danemark et la neutralité du Danemark comme celle de l'Autriche pendant la guerre présente, ne sont que l'effet des sentiments et des tendances unitaires des Teutons dans tous ces pays plus ou moins germaniques.

On a toujours regardé la cour de Suède comme vivement sympathique à la France, au Danemark, à la fédération scandinave et opposée aux convoitises de la Prusse. C'est une erreur dangereuse, funeste. Le roi de Suède est un des plus chaleureux partisans du pangermanisme. Le journal officiel de Stockholm, *Post och Inrikes-Tidningar*, du mois d'octobre 1865, a publié un article assez étendu sur le scandinavisme, signé Q. (Quant, secrétaire privé du roi Charles XV), lequel dit : « L'unité des trois nations scandinaves n'est pas possible, c'est seulement une ligue qui doit se lier étroitement avec le monde germanique de l'Europe centrale et avec l'Angleterre. Une ligue scandinave bien organisée doit dominer le passage du Sund et les ports de la mer Glaciale du Nord. Sa flotte est un allié naturel de la flotte naissante d'Allemagne. La Scandinavie, l'Allemagne, l'Angleterre et l'Amérique du Nord ont les mêmes intérêts. »

Ce n'est pas par hasard non plus que le général américain Sherman, les envoyés militaires de l'Angleterre et de Suède sont allés vers l'armée prussienne et non dans le camp français, que le roi de Prusse n'a reçu dans son quartier général que les généraux envoyés par les Etats teutoniques.

Mais, si l'on hésitait encore sur la signification de toutes ces choses, c'est M. de Bismark lui-même qui nous les expliquera tout haut et franchement. Après les défaites et la capitulation de l'armée française sous Sedan, M. de Bismark a porté, en présence du roi de Prusse, des princes allemands et de tous les représentants militaires des Etats germaniques, un « toast au triomphe, à la solidarité et à la réunion de tous les peuples teutoniques. »

Voilà le dernier mot de la politique de M. de Bismark.

Les Allemands et les Scandinaves ont envahi tous les pays romans ou latins, conquis et germanisé la plus importante partie des pays slaves; les Hollandais ont acquis et colonisé les plus grandes et les plus riches îles de l'Asie du Sud; les Anglais ont occupé et germanisé l'Amérique du Nord, l'Afrique du Sud, presque toute l'Australie; ils se sont emparés des deux Indes et de beaucoup d'autres points dominant les mers et leurs passages.

Donc, les Germains sont déjà en possession des pays les plus importants de toutes les parties du monde;

ils observent, comme les membres de la même race et de la même confession, une solidarité plus réelle qu'apparente ; ils tâchent de se réunir, sinon immédiatement comme les Allemands, au moins par une alliance offensive et défensive.

S'ils réussissent à conclure cette alliance en laissant les autres nations et les autres races isolées comme elles le sont jusqu'à ce moment, les Germains sont appelés à devenir pour toujours les maîtres du monde tout entier.

Mais la Prusse seule, même sans son union avec tous les autres Etats germaniques, deviendrait l'Etat le plus dangereux pour l'indépendance de toutes les nations de l'Europe, si elle parvenait maintenant à écraser la France et à forcer l'Autriche, après avoir réuni toute l'Allemagne, de s'allier avec elle.

6. Que les peuples de l'Europe, que les Romans, les Slaves surtout soient avertis, peut-être pour la dernière fois ; qu'ils comprennent le danger qui les menace tous ensemble ; qu'ils mettent de côté les rivalités et les animosités de leurs différents partis, confessions et nationalités et qu'ils fassent de suite tous les efforts possibles pour empêcher M. de Bismark, la Prusse, les Allemands et les Germains de « résoudre toutes les questions par le fer et par le sang ; de primer toujours le droit par la force ; de prendre chaque place, qu'ils regardent comme la clef de leur maison ; de conquérir chaque territoire qui garantit la sécurité de leur pays ; d'assujétir les populations qu'ils savent bien leur être hostiles, mais qu'ils ne peuvent pas ne pas prendre. »

C'est le dernier moment de sauver l'Europe pour qu'elle ne devienne pas, à jamais, la proie des Allemands. Demain peut-être il sera déjà trop tard. Que tous les partis de Paris et de la France se réunissent et fassent tous les sacrifices pour repousser et écraser l'ennemi, que tous les peuples latins, les Belges, les Suisses, les Italiens, les Espagnols et les Portugais, tout en gardant leur autonomie, s'unissent avec les Français, qu'ils constituent une union militaire pour garder, avec des garnisons communes les forteresses du Rhin et les défilés des Alpes contre les Allemands, les ports, les arsenaux, les points et les passages importants de différents pays romans, comme Jersey, Guernesey, Gibraltar, Malte et autres, contre les coups de mains et les attaques des Germains.

Que les Slaves, de leur côté, l'Autriche, la Russie et la Turquie, en se garantissant réciproquement leur autonomie, leur intégrité et une égalité complète et en les concédant à tous les peuples et confessions de leurs États, se hâtent de fonder aussi une union militaire et commerciale, et qu'ils constituent une alliance offensive et défensive avec les États réunis des Romans.

Alors les États de l'Europe ainsi organisés et liés entre eux, en permettant d'unir l'Allemagne du Sud avec l'Allemagne du Nord, pourraient déterminer la Prusse à rendre le Schleswig au Danemark et les anciennes provinces polonaises au royaume de la Pologne, auquel l'Autriche céderait volontiers la Galicie en échange de la Roumanie. On pourrait céder encore la Bosnie à la Serbie, le port d'Antivari au Montenegro, l'île de Candie, la Thessalie et l'Epire au royaume grec, mais à condition que tous ces petits États reconnaissent la suprématie et la souveraineté de la Turquie, à laquelle on garantirait, en compensation, la possession de toute l'Arabie avec Aden, Perim et les acquisitions d'Imam de Maskat en Persie et en Afrique.

Voilà les seuls mais simples moyens de résoudre les plus difficiles questions politiques, les moyens de sauver l'indépendance, la liberté, la justice, la civilisation et l'humanité sur les bases de l'autonomie et de l'égalité, des unions, des arrangements et des concessions volontaires, presque sans toucher ni à la forme du régime ni aux possessions des différents États de l'Europe.

Certes, cette combinaison ne serait pas encore tout ce qu'on voudrait et souhaiterait; mais elle suffirait, en attendant, pour le commencement d'une nouvelle ère de la paix et du développement loyal de la prospérité individuelle et nationale de tous les peuples de l'Europe.

La principale condition pour atteindre ce but, c'est l'autonomie complète de toutes les communes, provinces, nationalités et confessions de la république française et de l'empire russe.

Cela seul rendrait possibles le développement intellectuel et moral et l'alliance de ces deux puissances, l'union de la Belgique et de la Suisse, et plus encore celle des autres États romans avec la France, celle de l'Autriche et de la Turquie avec la Russie; car l'égalité et l'autonomie accordées à l'intérieur de la France et de la Russie seraient les seules garanties possibles que les peuples et les États romans et slaves pourraient avoir pour leur propre autonomie, égalité et intégrité, en cas où ils s'uniraient avec les puissances parentes. Sans cela, ils préféreront rester neutres et isolés, ou bien conclure des alliances avec la Prusse, l'Angleterre, etc.

La confédération des États romans, d'un côté, et des États slaves, de l'autre, est devenue une nécessité impérieuse en face de l'agrandissement et de la politique agressive et déloyale de la Prusse. Mais l'union volontaire des peuples européens est une tâche digne du dix-neuvième siècle. Elle n'est ni trop grande ni trop difficile, quoiqu'il y ait assez de préventions des hommes d'État et des peuples à vaincre. La presse seule suffirait pour l'atteindre, si elle s'élevait à la hauteur de sa mission ; si, de préférence à des hommes habiles, mais sans aveu, phraseurs dépourvus de connaissances et de consciences solides, elle employait des hommes intelligents, instruits et consciencieux, qui eussent appris par des études sérieuses à connaître les particularités, les relations, les intérêts des peuples.

C'est donc à une presse qui comprenne sa tâche, qui sache sacrifier les passions basses et les intérêts secondaires aux sentiments et aux tendances plus nobles et plus élevées que j'en appelle ; que je confie la réalisation de ces idées ; que je dédie ces réflexions, certain qu'elles ne manqueront pas de porter leur fruit. On aura une preuve éclatante de ce que vaut aujourd'hui la presse, comme manifestation de la force morale contre la force brutale. On verra si cette dernière prime encore le droit, comme le prétend M. de Bismark.

Paris, septembre 1870.

Paris. — Typ. Rouge frères, Dunon et Fresné, rue du Four-Saint-Germain, 43.